中国书法名碑名帖原色放大本

明·董其昌二帖

胡紫桂 主编

湖南美术出版社

图书在版编目（CIP）数据

明·董其昌二帖 / 胡紫桂主编 . — 长沙：湖南美术出版社，2015.12

（中国书法名碑名帖原色放大本）

ISBN 978-7-5356-7496-8

Ⅰ. ①明…　Ⅱ. ①胡…　Ⅲ. ①汉字－法帖－中国－明代　Ⅳ. ①J292.26

中国版本图书馆CIP数据核字（2015）第306224号

明·董其昌二帖
（中国书法名碑名帖原色放大本）

Ming · Dong Qichang Er Tie

出版人：李小山

主　编：胡紫桂

副主编：邹方斌　陈　麟

编　委：谢友国　倪丽华　齐　飞

责任编辑：邹方斌

责任校对：王玉蓉

装帧设计：造书房

版式设计：彭　莹

出版发行：湖南美术出版社

（长沙市东二环一段622号）

经　销：全国新华书店

印　刷：成都市金雅迪彩色印刷有限公司

开　本：889×1194　1/8

印　张：3

版　次：2015年12月第1版

印　次：2016年3月第1次印刷

书　号：ISBN 978-7-5356-7496-8

定　价：20.00元

董其昌（1555—1636），字玄宰，号思白，香光居士，华亭（今上海松江）人。万历十七年（1589）进士，曾任翰林院编修、经筵展书官、南京礼部尚书等职。礼官古称『宗伯』，故亦呼其『董宗伯』『董容台』。崇祯七年（1634）致仕，诏加太子太保。崇祯十年（1636）卒于松江寓所，享年82岁，谥『文敏』。

董其昌为晚明杰出的书画家、书画理论家，又富于收藏，精于鉴赏，对后世影响深远。其绘画擅长山水，以董源、巨然为宗，又参以宋元诸家，形成蕴藉淡远、萧散清新之画风。绘事之余又梳理五代、两宋直至元代的山水画论，以禅宗为参照，提出了著名的『南北宗论』。其笔墨丹青与理论文章双楫并进，堪称文人山水画之集大成者。

董其昌书法出入晋唐，博采众长，自成一家。其用笔精到、线条遒劲，结体自然、因势取形，神足韵长、飘逸空灵，于『二王』书法一脉的承传与发展有着极其重要的意义。清初由于帝王的喜好，上行下效，『董书』风靡一时，而随着碑学的兴起，书家对『董书』的批评之声接踵而来，甚至将董书视为『馆阁体』『媚俗』之源。其实，清人自取皮相，抛其精神，此又与董其昌何干？

《明故墨林项公墓志铭》书于崇祯八年（1635），即董其昌逝世前一年，这是他应已故的著名收藏家、鉴定家项元汴（字子京，号墨林）次孙之请，为墨林项公所写的墓志铭，行书，纸本，现藏于日本东京国立博物馆。此帖秀劲萧散，自然多姿，用笔直率而不流滑，结字虚和而不空疏。通篇遒媚淡雅、萧散蕴藉。

《试墨帖》为董其昌于癸卯年（1603）三月，与友范尔孚、王伯明、赵满生『试虎丘茶，磨高丽墨，并试笔乱书』即兴所成，草书，纸本，现藏于日本东京国立博物馆。此帖用笔率意而不失法度，心手两忘，笔行疾徐开合之势；虚实相生，墨显浓淡枯湿之姿。浑然一气，逸趣天成。虽不过四十余字，却算得上董其昌草书之精品。

明故墨林項公墓誌銘

陶隱居論書曰不為無益

之事何以悦有涯之生世

至達人鮮知其解其在檇李

《明故墨林項公墓志铭》　陶隐居论书曰：『不为无益之事，何以悦有涯之生？』世无达人，鲜知其解。其在檇李

项子京平？公蒙世业，富贵利达，非其好也。尽以收金石、遗文、图绘、名迹，凡断帧只行，悉输公门。虽米芾

項子京平公蒙世業富貴

利達非其好也盡以收金

石遺文圖繪名蹟凡斷幀

萑衍悉輸公門雅米芾

之書畫船李公麟之洗玉

池不嘗也而世遂以元章

伯時目公之為人此何足以

知公元章論書以端明

為畫字蔡卞為得筆伯

時故游蘇門助之羽翅臺

看朴其容藝窮文巧死

何如生大夢獨曉向平猶

惑，彭祖为夭。史铭诸幽，聊识其小。舟壑之藏，斋臼可考。

墨林雅士，名满吴越间，

惑彭祖为夭史铭诸幽聊

识其小舟壑之藏瘱非

可攷

白

墨林雅士名满吴越百

余此志亦具其神照。次孙相访，请余书，且以镌石，亦王谢子弟家风也。书此应之。崇祯八年乙亥子月，董其昌题。

余此志亦具其神照次孙

相访请余书且以镌石志

王谢子弟家风也书此应之

崇祯八年乙亥子月董其昌题

雲林先生俱念雲林於阿瑛事雲西之

泯也今北縮为小傳好元時石刻而田間先生

其孫

印易源逥可入逸光安之田有此

王為中原言正年一商此

尝芟楊少師此光帖。年十有此
大書工。徐铅少師
余垂髫時則耳墨林之名蕉矣

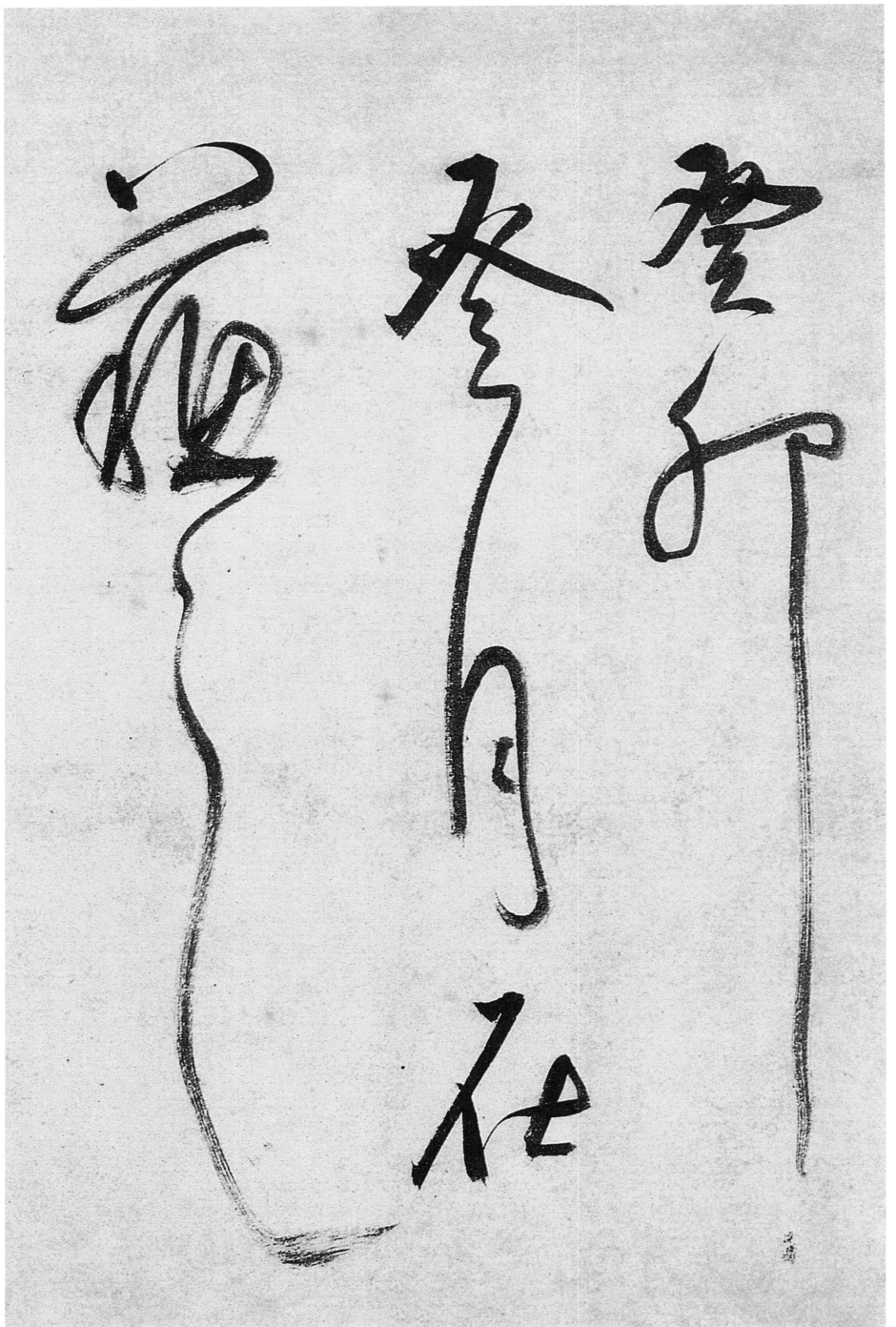

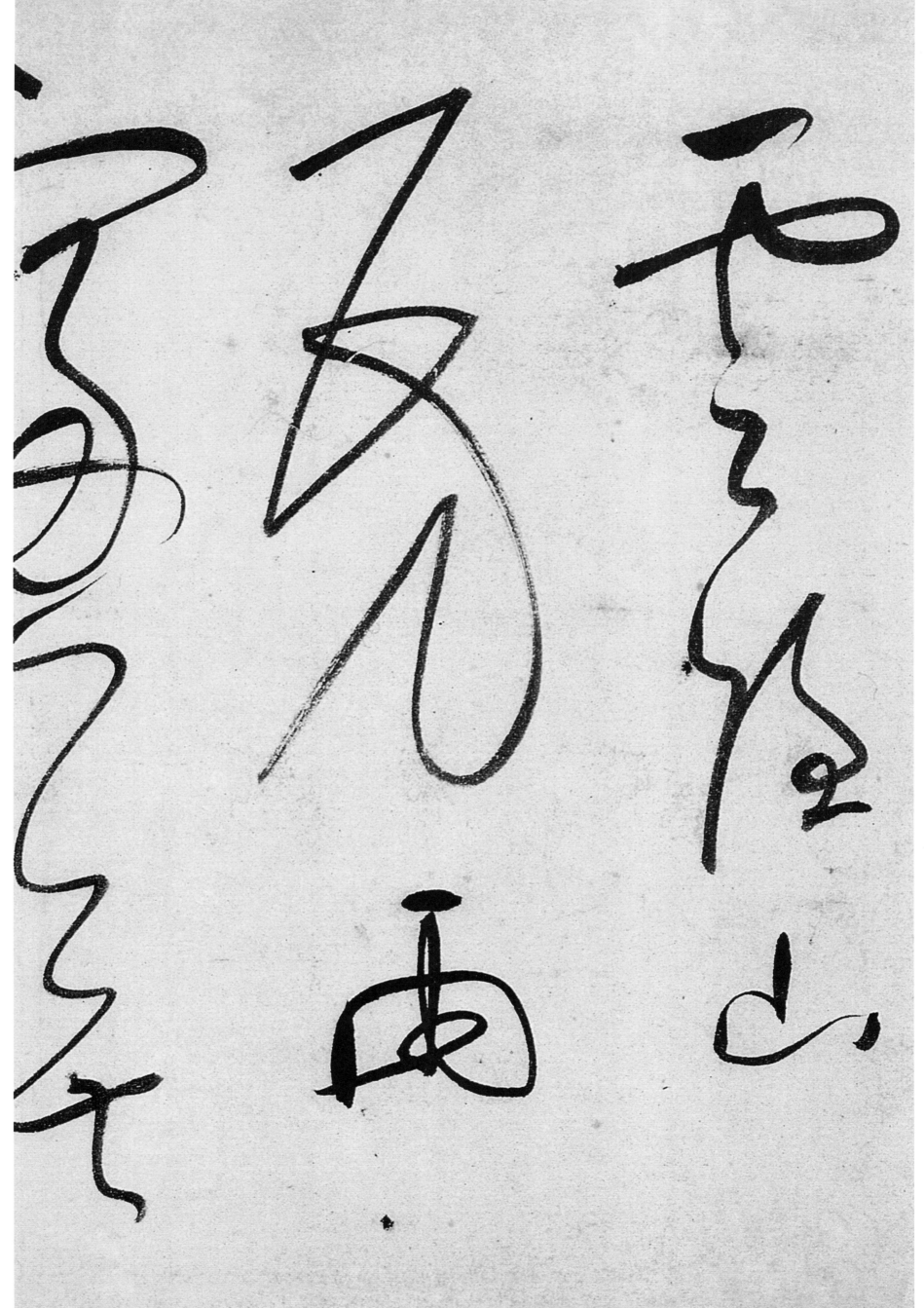

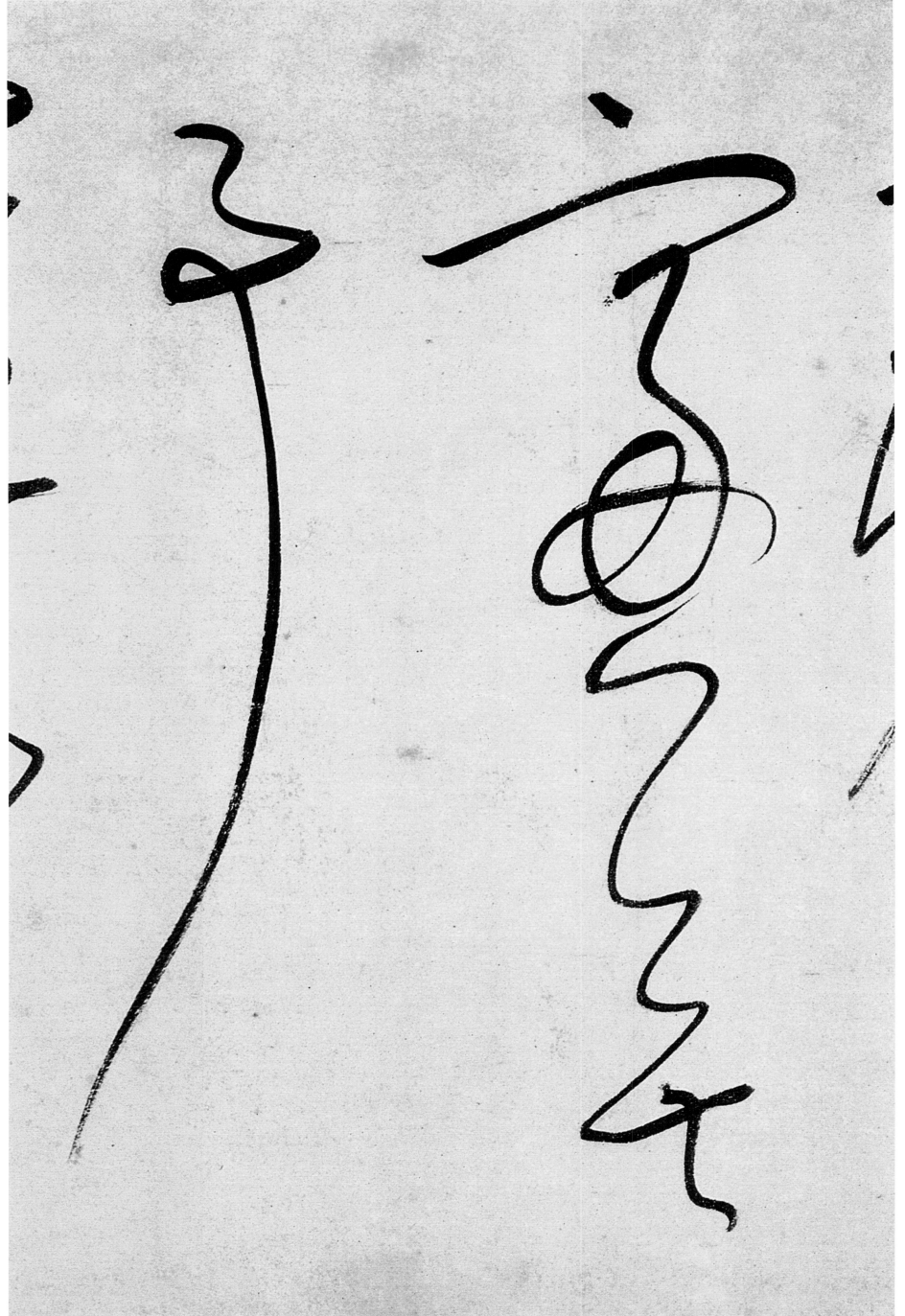

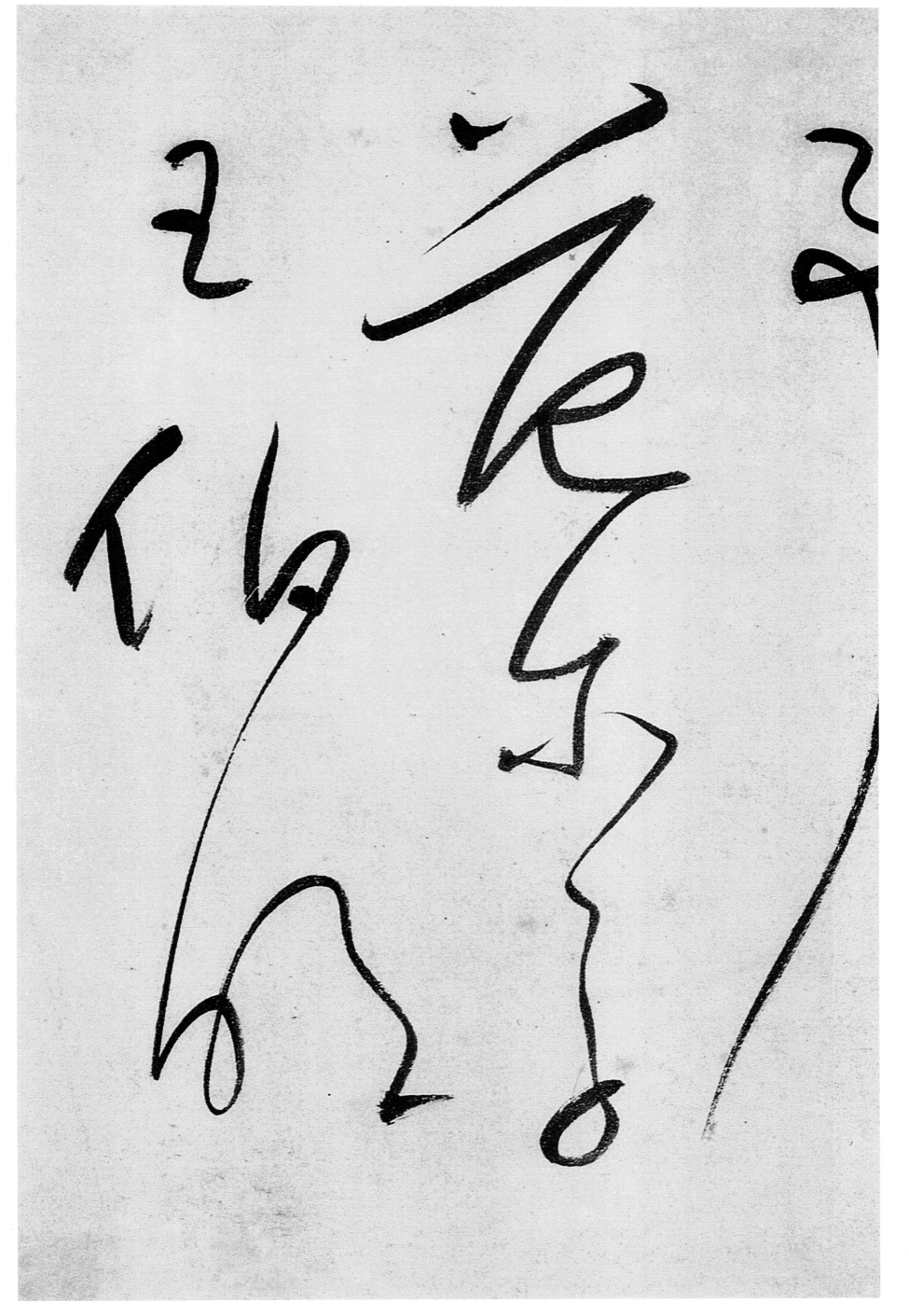

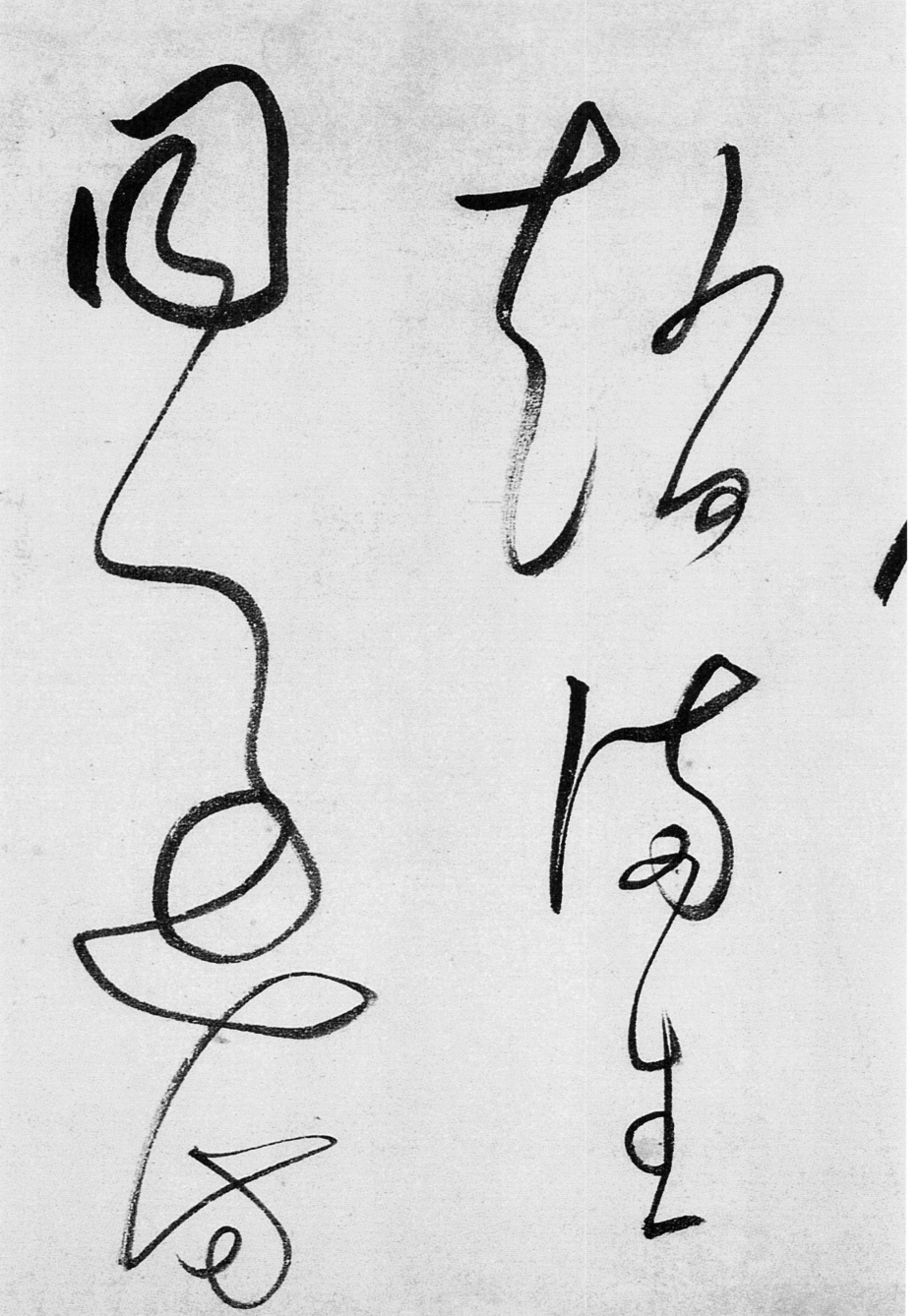

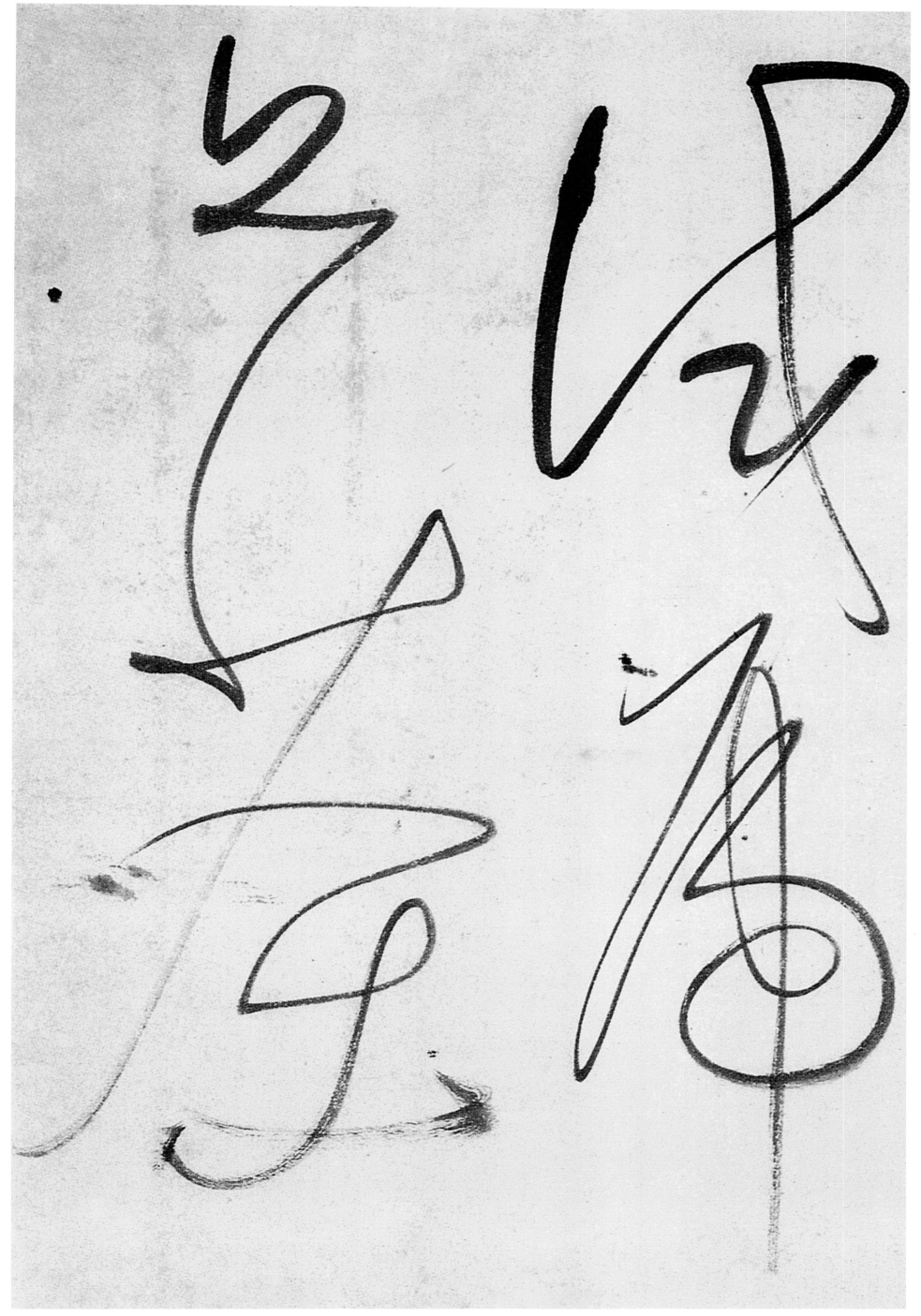

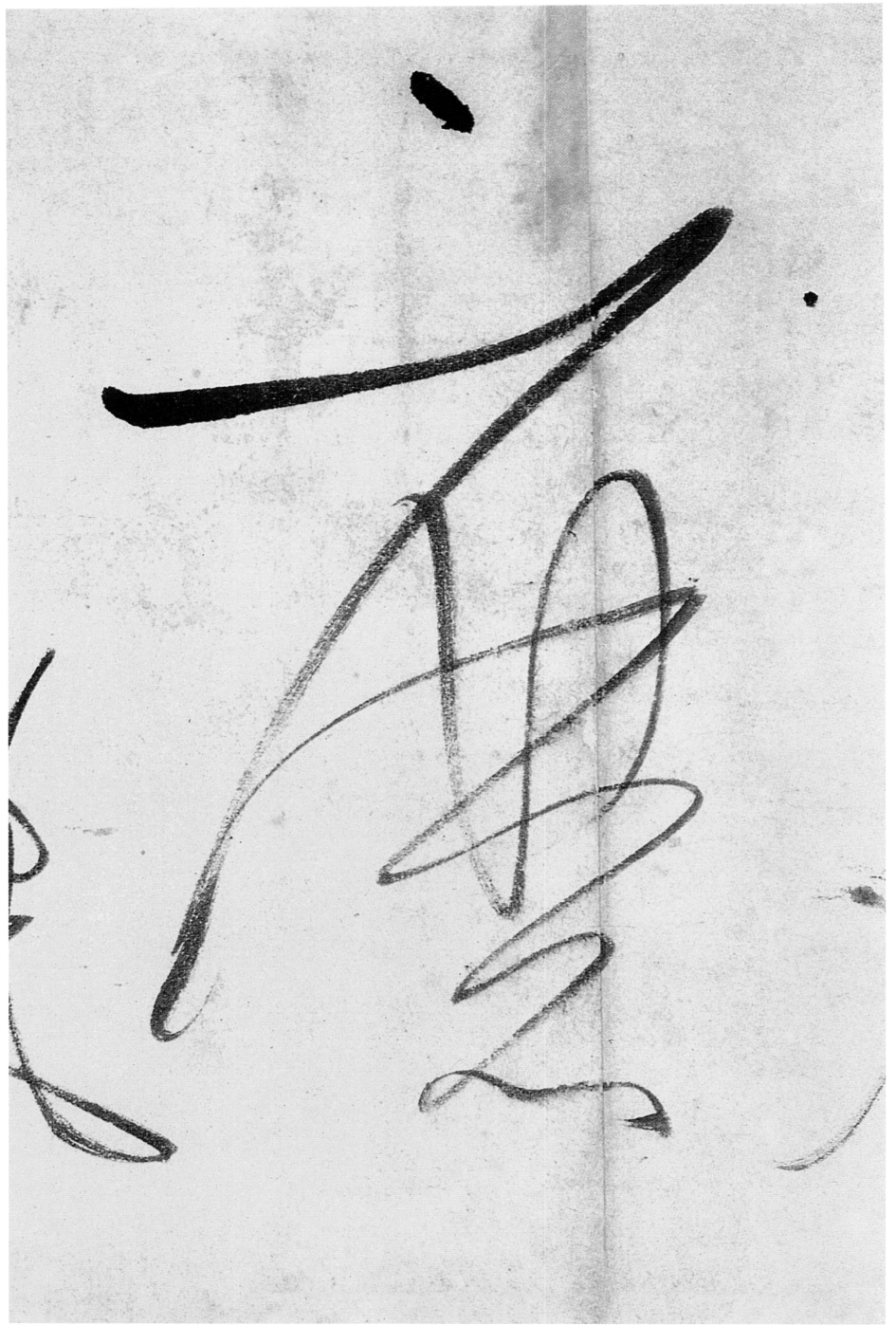

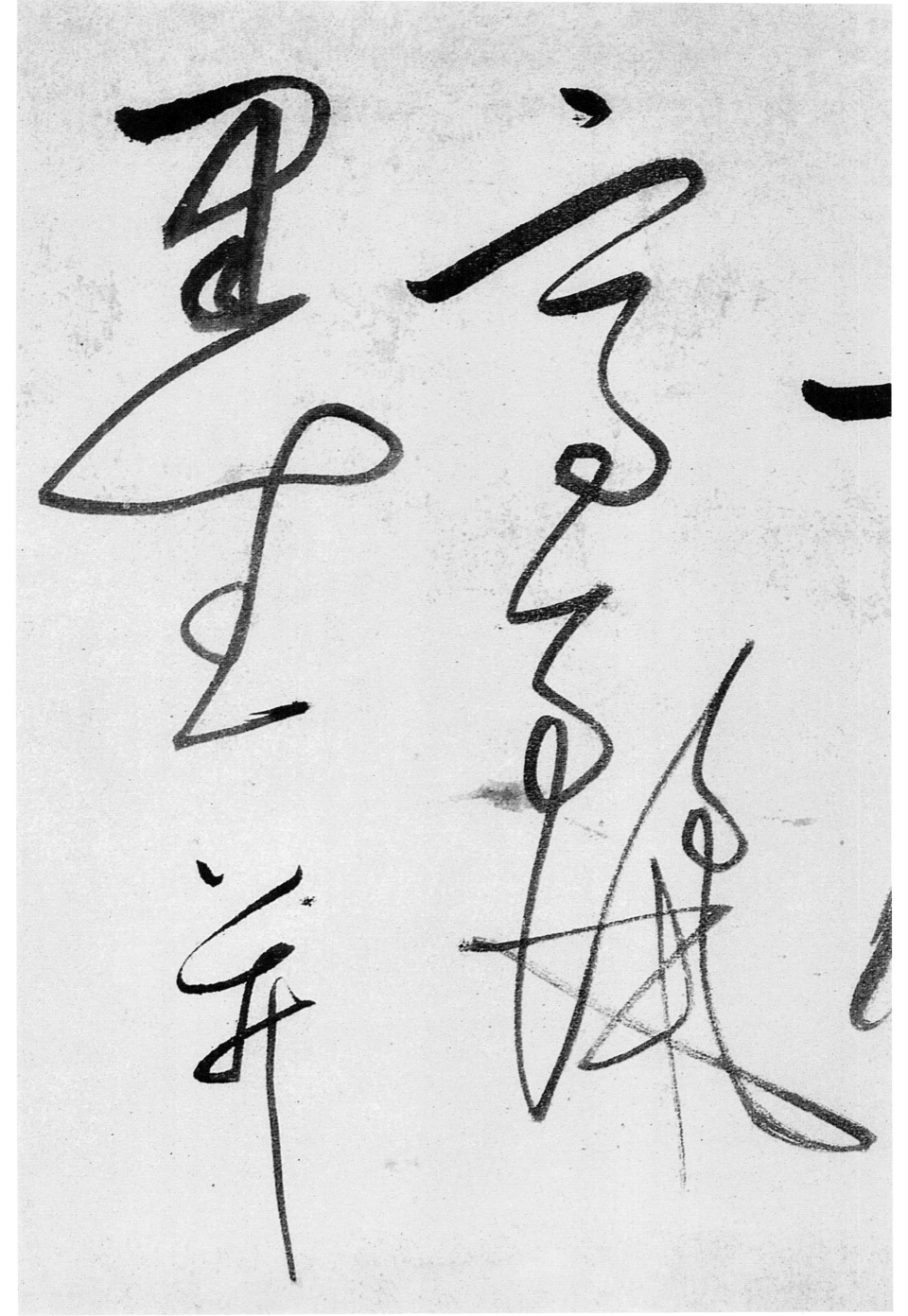

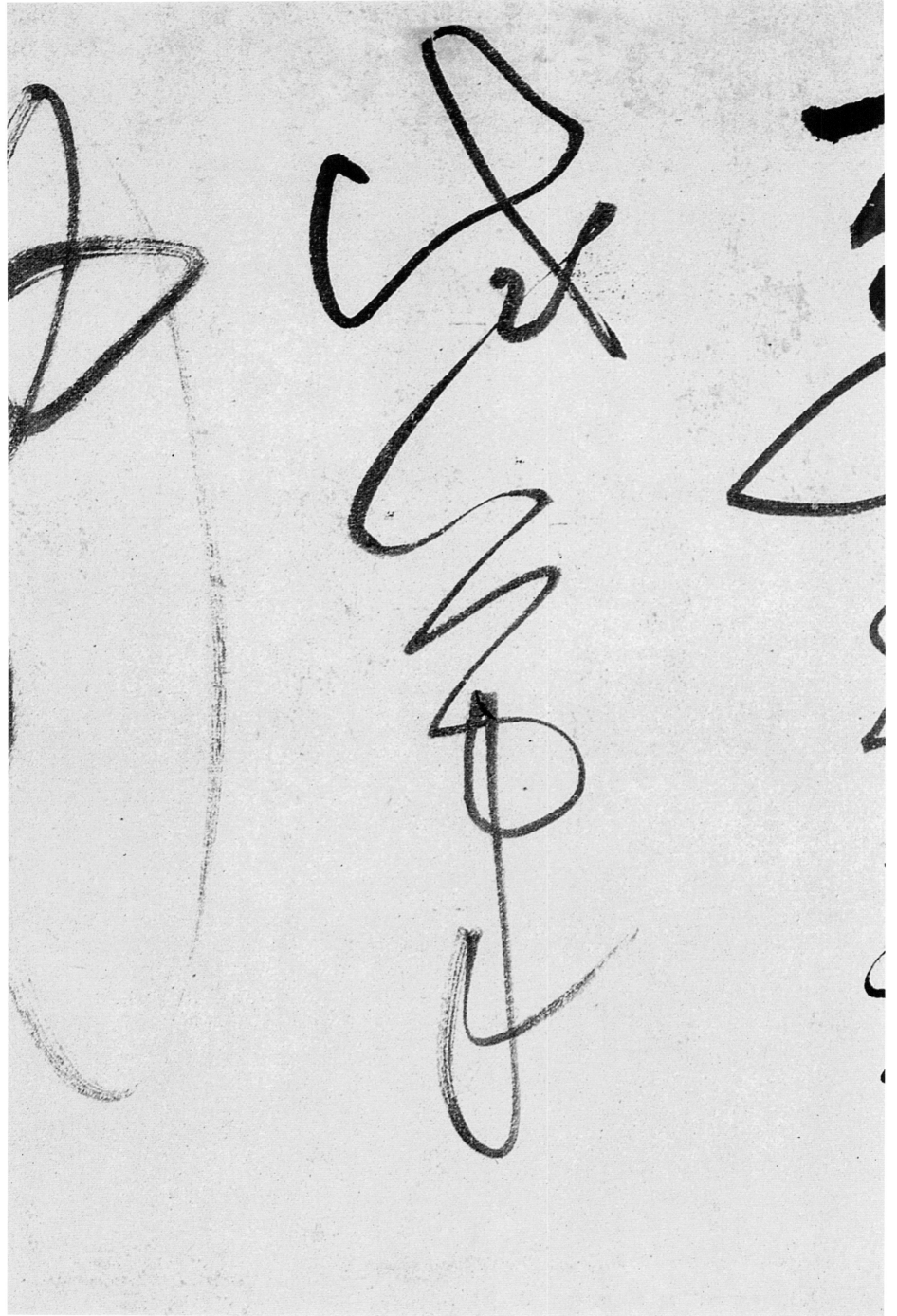

乱

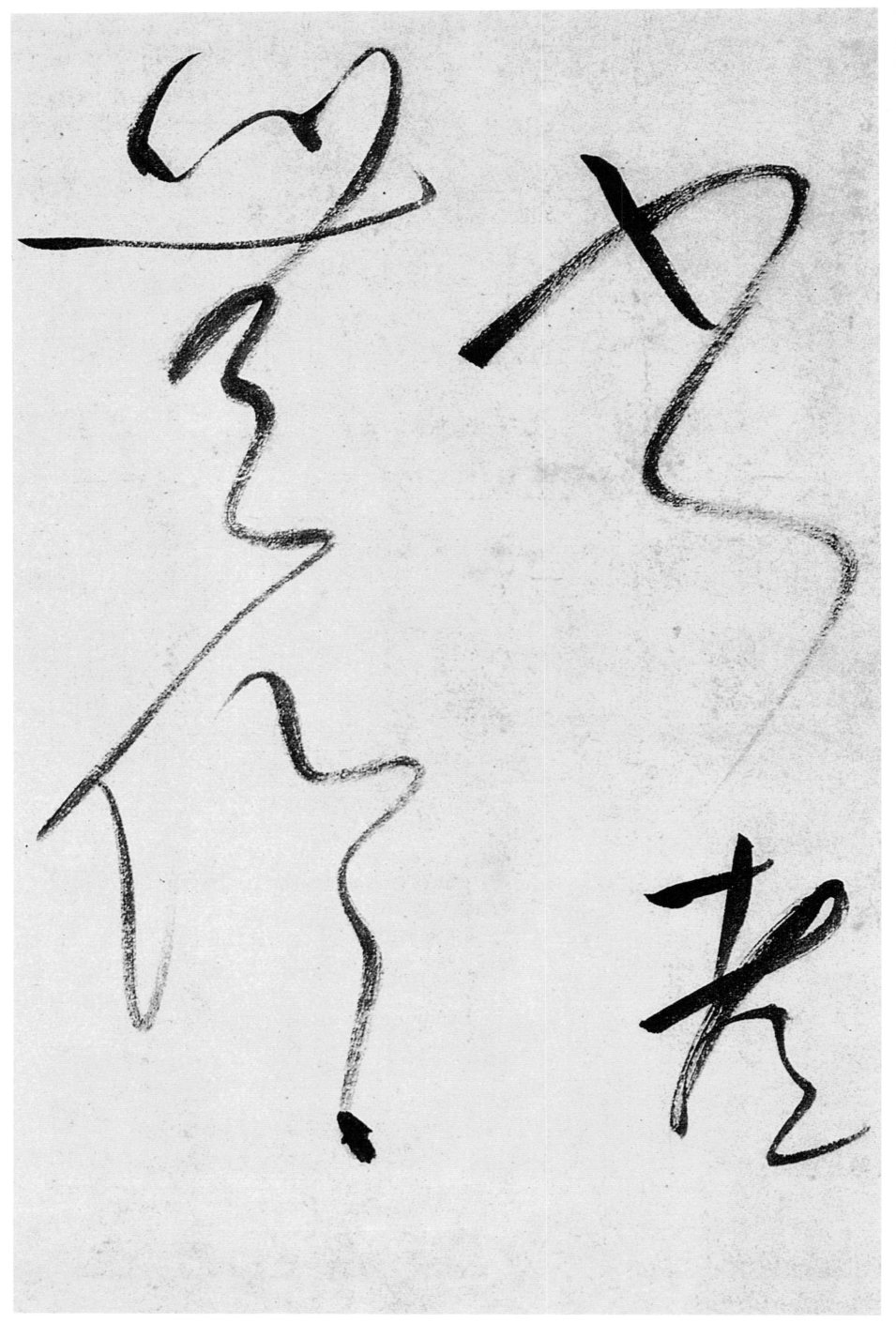

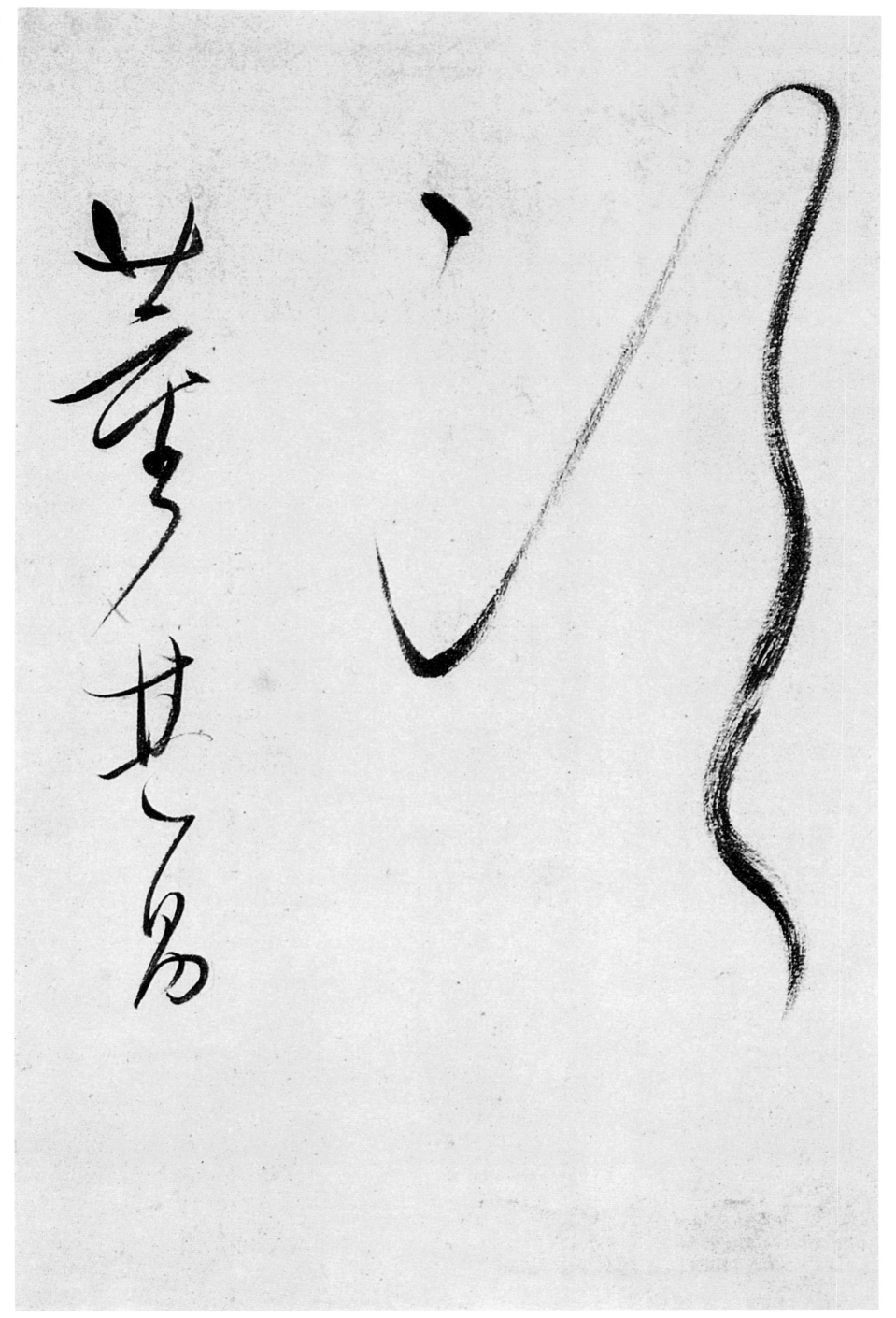

次。

董其昌。